Writing the Hindi Alphabet Practice Workbook

Trace and Write Hindi Letters

Reema Ghavri

Writing the Hindi Alphabet Practice Workbook: Trace and Write Hindi Letters

CreateSpace

Nonfiction / Children's Books / Educational / Study Aids
Nonfiction / Reference / Foreign Languages / Instruction

ISBN: 1450524540

EAN-13: 9781450524544

The Hindi Alphabet

वर्ण (Vowels)

अ आ इ ई उ ऊ ए ऐ ओ औ

स्वर (Consonants)

क ख ग घ

च छ ज झ

ट ठ ड ढ ण

त थ द ध न

प फ ब भ म

य र ल व

श ष स ह

क्ष त्र ज्ञ

Using This Workbook

If you anticipate needing extra practice, you may make photocopies of select pages according to the following restrictions: Teachers who purchase one copy of this book, or borrow one physical copy from a library, may make and distribute photocopies of selected pages for instructional purposes for their own classes only. Also, parents who purchase one copy of this book, or borrow one physical copy from a library, may make and distribute photocopies of selected pages for use by their own children only.

Learn to write the letters of the Hindi alphabet.

- First, trace each gray letter that appears across the top line.

- Next, trace the gray letter that appears at the beginning of the next line.

- Then write the letter several times, without tracing, in the space that follows.

- Repeat for the remaning lines on each page.

- When a page is completed, each line should look like the top line.

- The gray letters serve as a guide to help you write the letters.

- Most lines have only a single gray letter. The space to the right of the gray letter is designed for you to practice writing each letter without tracing a guide.

This workbook begins with the vowels of the Hindi alphabet. After you have learned to write each vowel, there is a page that will help you write all of the vowels together as a single group.

The consonants are organized into several groups. See the Hindi alphabet on page 3. Each row of this table is a group of consonants.

After you have learned to write each consonant in a group, there is a page that will help you write all of these consonants together as a single group.

After you have learned to write all of the letters of the Hindi alphabet, there is a page to help you write the entire alphabet as a whole.

Pages 5 thru 60 are repeated on pages 61 thru 116 in order to offer additional practice.

अ अ अ अ अ अ अ

अ

अ

अ

अ

अ

अ

आ   आ   आ   आ   आ   आ

आ

आ

आ

आ

आ

आ

इ इ इ इ इ इ इ इ इ

इ

इ

इ

इ

इ

इ

ई ई ई ई ई ई ई ई ई

ई

ई

ई

ई

ई

ई

उ उ उ उ उ उ उ उ उ

उ

उ

उ

उ

उ

उ

ऊ ऊ ऊ ऊ ऊ ऊ ऊ ऊ

ऊ

ऊ

ऊ

ऊ

ऊ

ऊ

ए ए ए ए ए ए ए ए ए

ए

ए

ए

ए

ए

ए

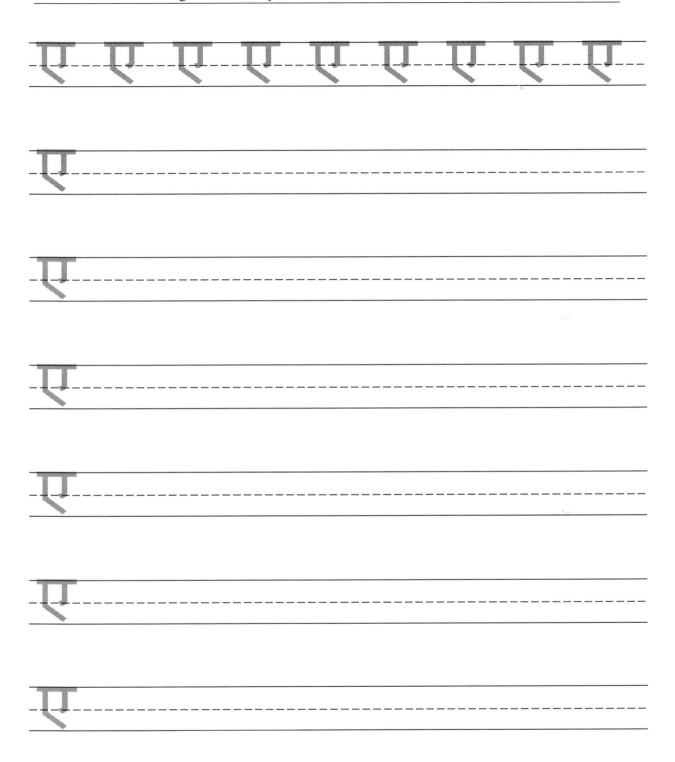

ऐ ऐ ऐ ऐ ऐ ऐ ऐ ऐ ऐ

ऐ

ऐ

ऐ

ऐ

ऐ

ऐ

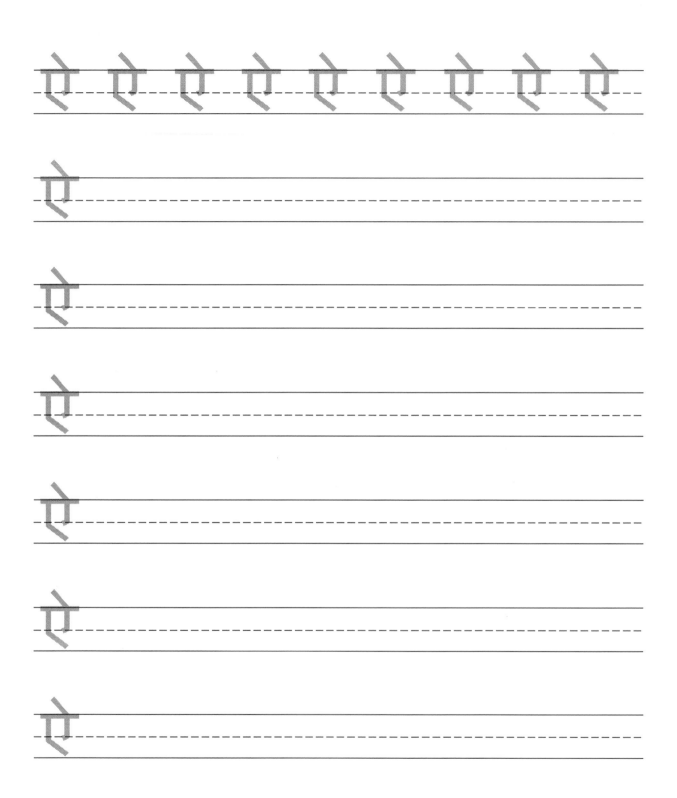

ओ ओ ओ ओ ओ ओ

ओ

ओ

ओ

ओ

ओ

ओ

औ औ औ औ औ औ

औ

औ

औ

औ

औ

औ

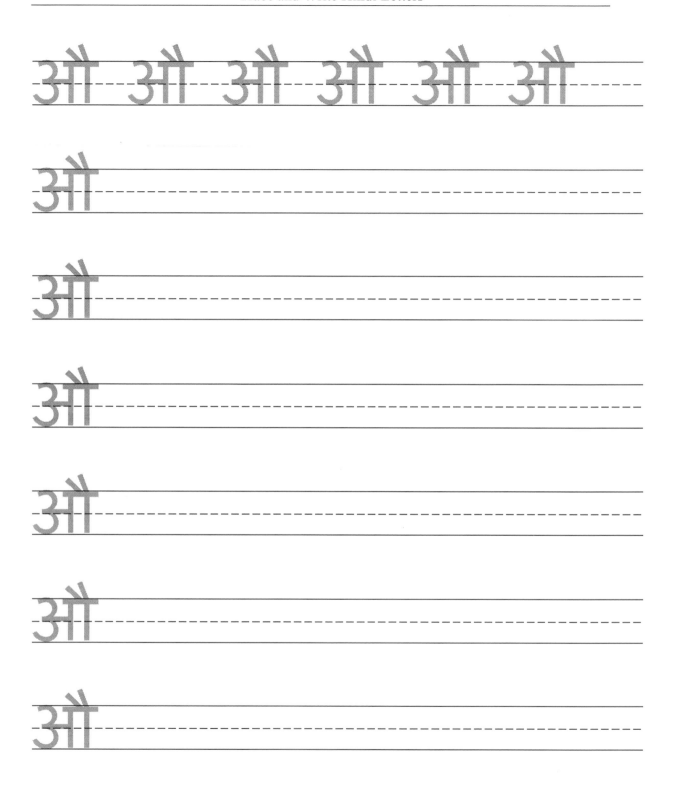

अ आ इ ई उ ऊ ए ऐ ओ औ

क क क क क क क

क

क

क

क

क

क

ख ख ख ख ख ख ख

ख

ख

ख

ख

ख

ख

ग ग ग ग ग ग ग ग

ग

ग

ग

ग

ग

ग

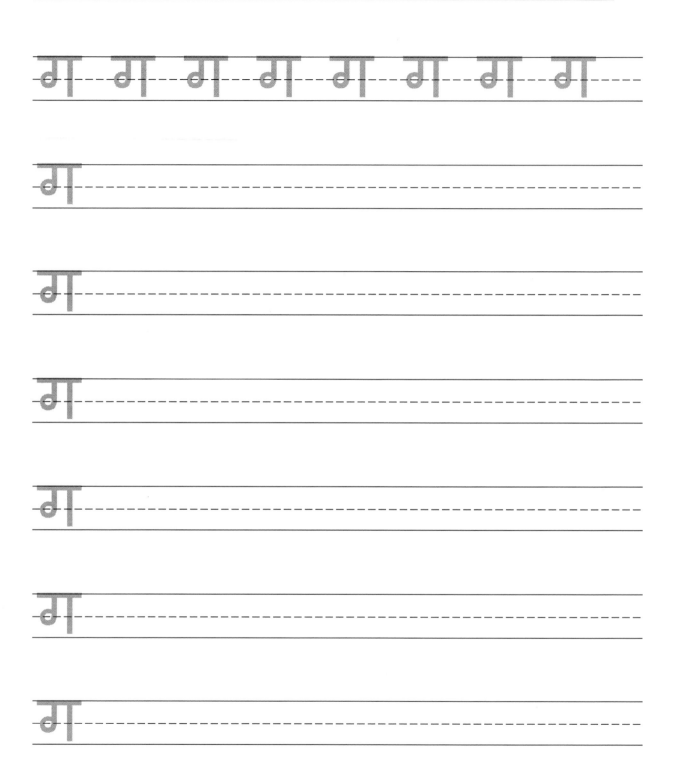

घ घ घ घ घ घ घ घ

घ

घ

घ

घ

घ

घ

ङ ङ ङ ङ ङ ङ ङ ङ ङ

ङ

ङ

ङ

ङ

ङ

ङ

क ख ग घ ङ

च च च च च च च च

च

च

च

च

च

च

छ छ छ छ छ छ छ

छ

छ

छ

छ

छ

छ

ज ज ज ज ज ज ज

ज

ज

ज

ज

ज

ज

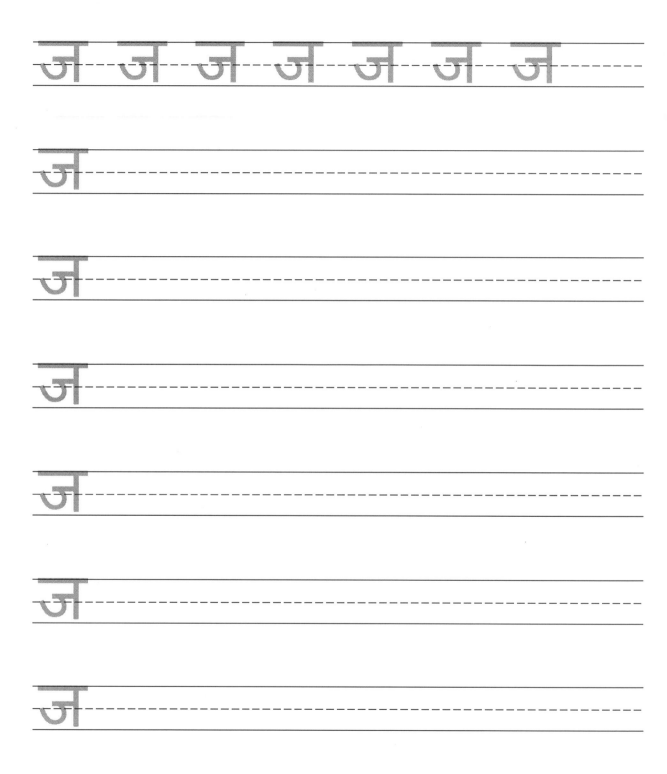

झ झ झ झ झ झ झ

झ

झ

झ

झ

झ

झ

अ अ अ अ अ अ अ अ

अ

अ

अ

अ

अ

अ

च छ ज झ ञ

ट ट ट ट ट ट ट ट ट

ट

ट

ट

ट

ट

ट

ठ ठ ठ ठ ठ ठ ठ ठ ठ

ठ

ठ

ठ

ठ

ठ

ठ

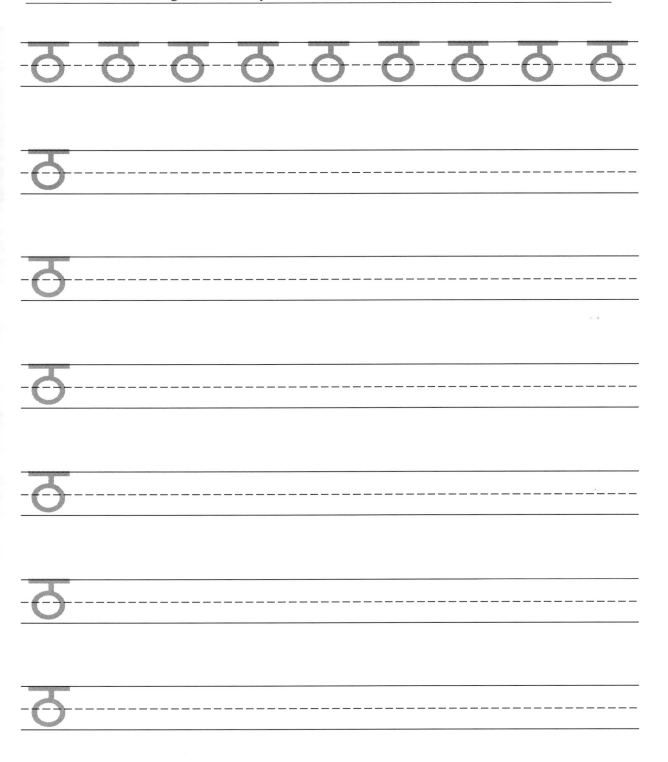

ड ड ड ड ड ड ड ड ड

ड

ड

ड

ड

ड

ड

ढ ढ ढ ढ ढ ढ ढ ढ ढ

ढ

ढ

ढ

ढ

ढ

ढ

ण ण ण ण ण ण ण

ण

ण

ण

ण

ण

ण

ट ठ ड ढ ण

त त त त त त त त

त

त

त

त

त

त

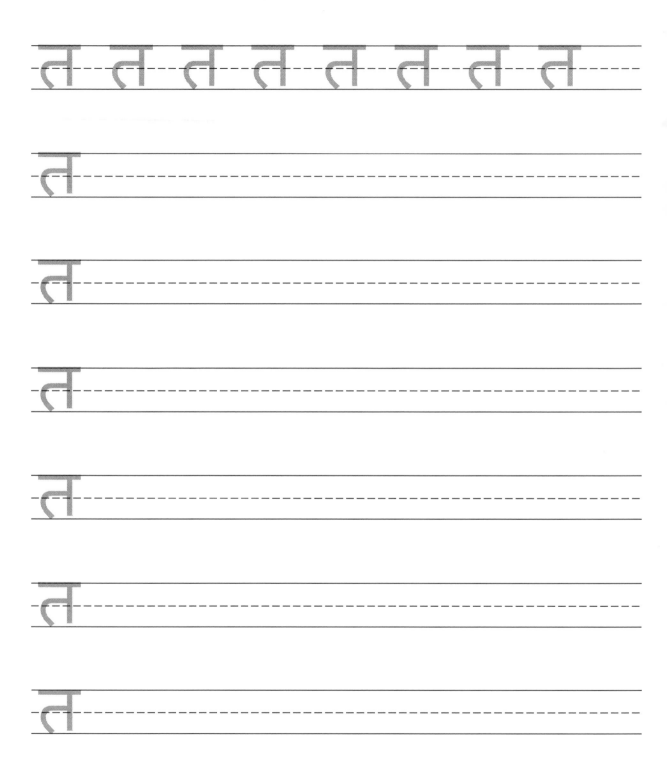

थ थ थ थ थ थ थ थ

थ

थ

थ

थ

थ

थ

द द द द द द द द द

द

द

द

द

द

द

ध ध ध ध ध ध ध ध

ध

ध

ध

ध

ध

ध

न न न न न न न न

न

न

न

न

न

न

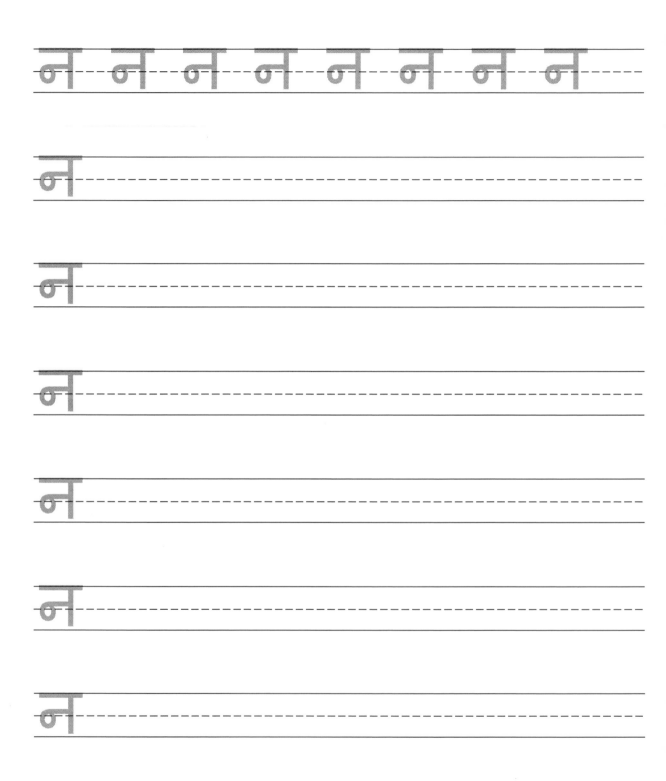

त थ द ध न

प प प प प प प प प

प

प

प

प

प

प

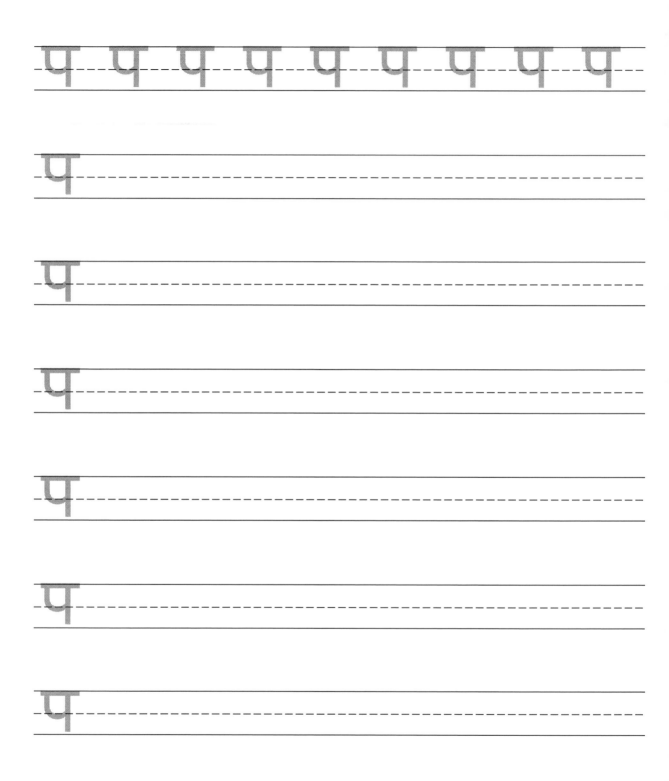

फ फ फ फ फ फ फ

फ

फ

फ

फ

फ

फ

ब ब ब ब ब ब ब ब ब

ब

ब

ब

ब

ब

ब

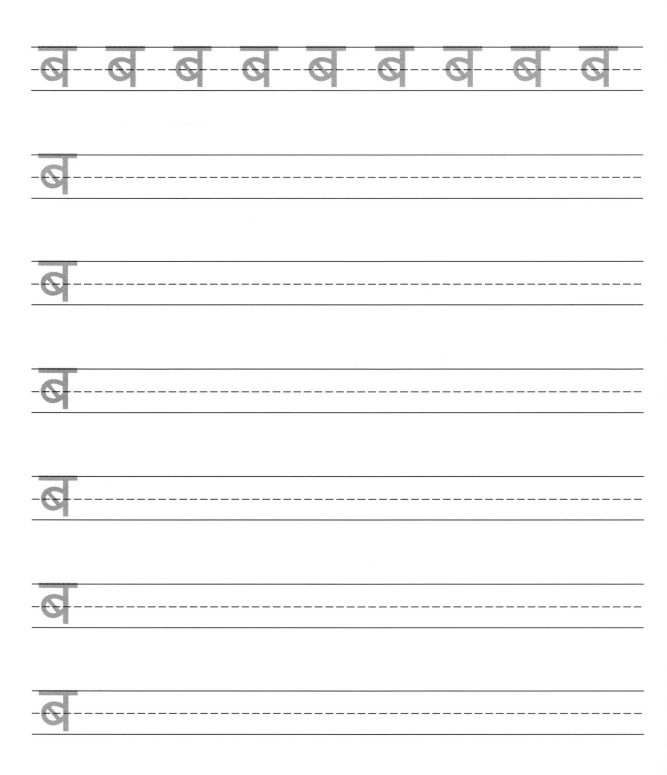

भ भ भ भ भ भ भ भ

भ

भ

भ

भ

भ

भ

म म म म म म म म

म

म

म

म

म

म

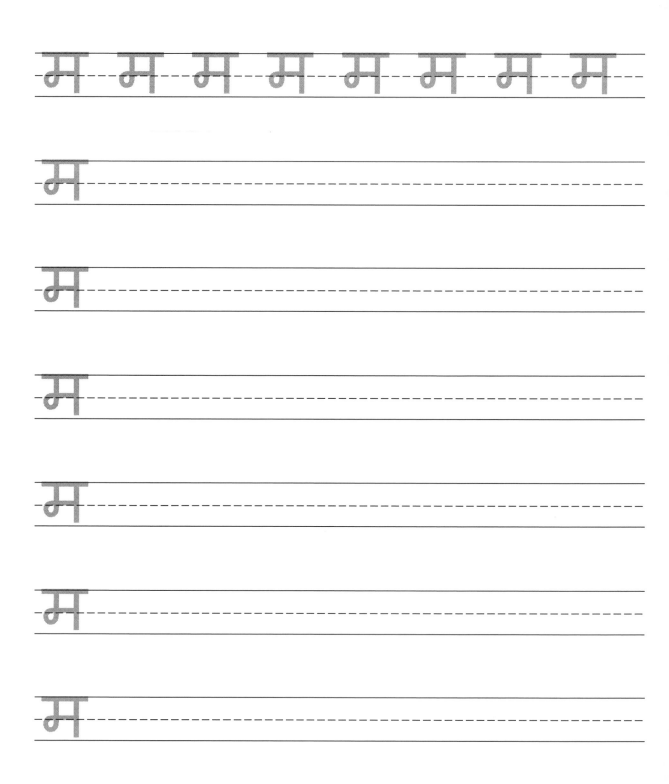

प फ ब भ म

य य य य य य य य

य

य

य

य

य

य

र र र र र र र र र र

र

र

र

र

र

र

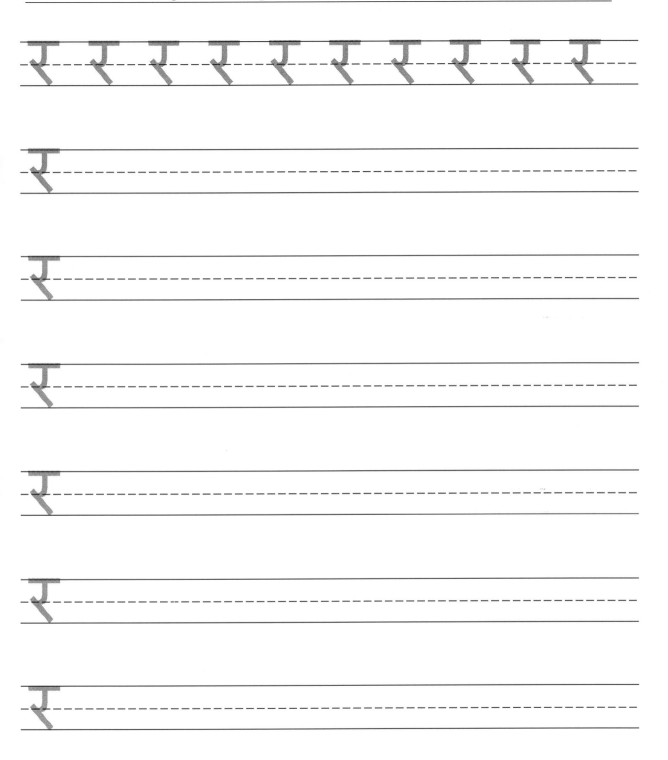

ल ल ल ल ल ल ल ल

ल

ल

ल

ल

ल

ल

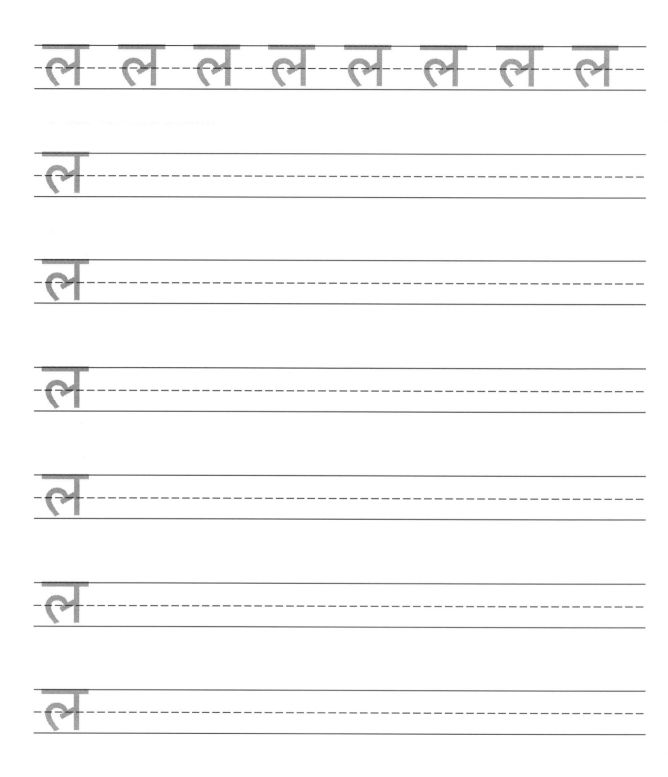

व व व व व व व व व

व

व

व

व

व

व

य र ल व य र ल व

श श श श श श श श

श

श

श

श

श

श

ष ष ष ष ष ष ष ष ष

ष

ष

ष

ष

ष

ष

स स स स स स स स

स

स

स

स

स

स

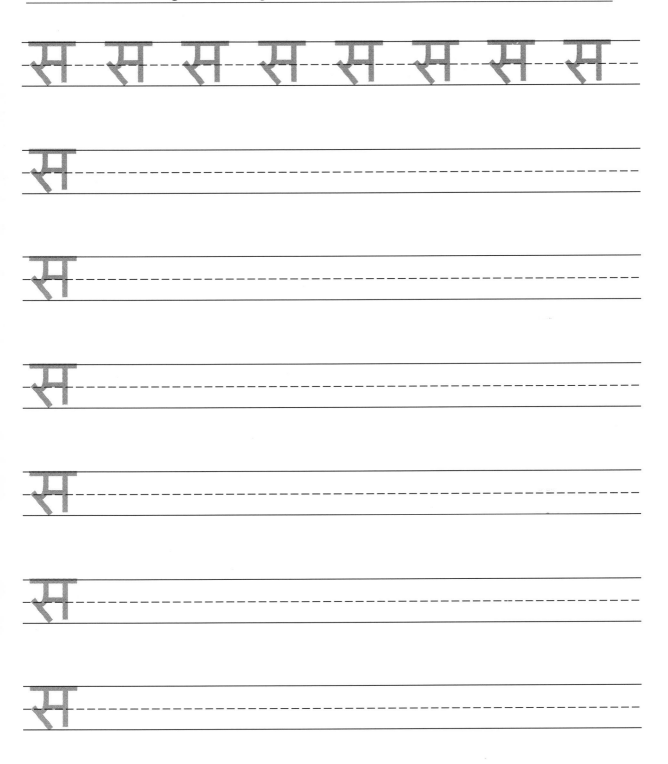

श ष स ह श ष स ह

क्ष क्ष क्ष क्ष क्ष क्ष क्ष क्ष

क्ष

क्ष

क्ष

क्ष

क्ष

क्ष

ऋ ऋ ऋ ऋ ऋ ऋ ऋ ऋ

ऋ

ऋ

ऋ

ऋ

ऋ

ऋ

ज   ज   ज   ज   ज   ज

ज

ज

ज

ज

ज

ज

क्ष त्र ज्ञ क्ष त्र ज्ञ

अ आ इ ई उ ऊ ए ऐ ओ औ

क ख ग घ ङ

च छ ज झ ञ

ट ठ ड ढ ण

त थ द ध न

प फ ब भ म

य र ल व

श ष स ह

क्ष त्र ज्ञ

अ अ अ अ अ अ अ

अ

अ

अ

अ

अ

अ

आ आ आ आ आ आ

आ

आ

आ

आ

आ

आ

ड़ ड़ ड़ ड़ ड़ ड़ ड़ ड़ ड़

ड़

ड़

ड़

ड़

ड़

ड़

ई ई ई ई ई ई ई ई ई

ई

ई

ई

ई

ई

ई

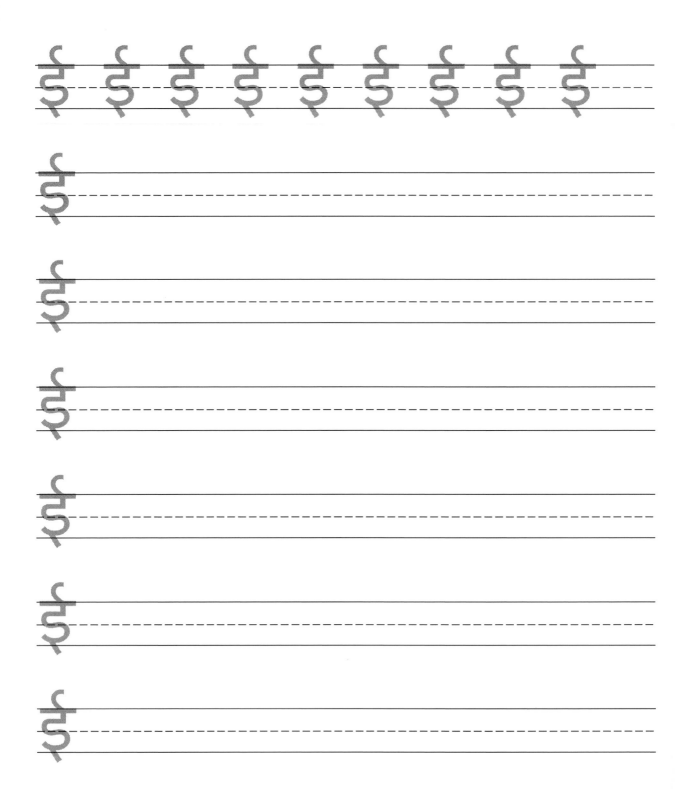

उ उ उ उ उ उ उ उ उ

उ

उ

उ

उ

उ

उ

ऊ ऊ ऊ ऊ ऊ ऊ ऊ ऊ

ऊ

ऊ

ऊ

ऊ

ऊ

ऊ

ए ए ए ए ए ए ए ए ए

ए

ए

ए

ए

ए

ए

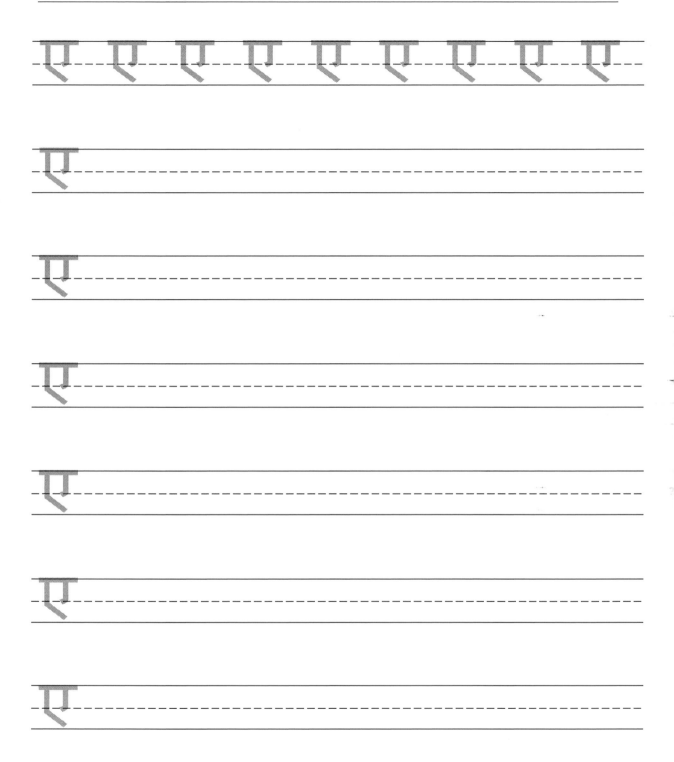

ऐ ऐ ऐ ऐ ऐ ऐ ऐ ऐ ऐ

ऐ

ऐ

ऐ

ऐ

ऐ

ऐ

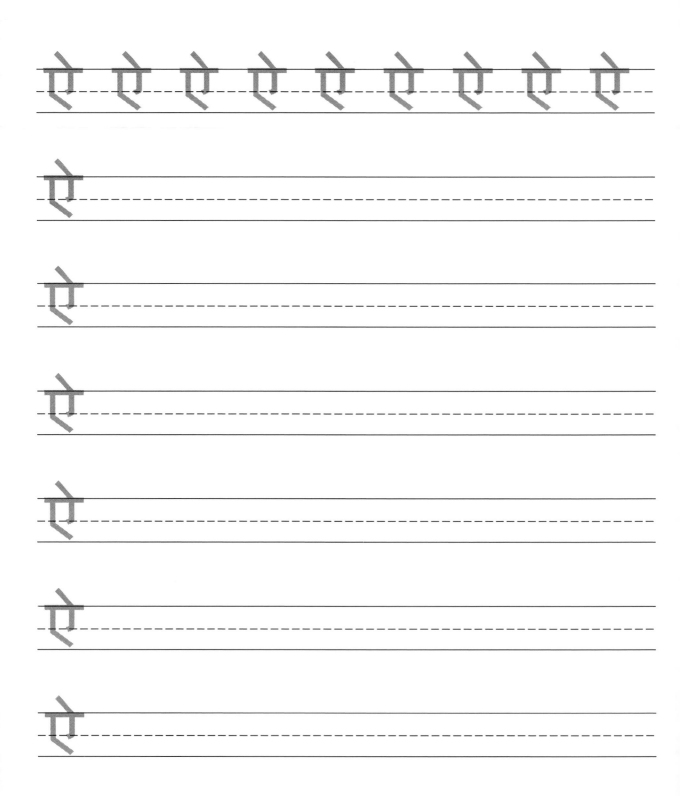

ओ ओ ओ ओ ओ ओ

ओ

ओ

ओ

ओ

ओ

ओ

औ औ औ औ औ औ

औ

औ

औ

औ

औ

औ

अ आ इ ई उ ऊ ए ऐ ओ औ

क क क क क क क

क

क

क

क

क

क

ख ख ख ख ख ख ख

ख

ख

ख

ख

ख

ख

ग ग ग ग ग ग ग ग

ग

ग

ग

ग

ग

ग

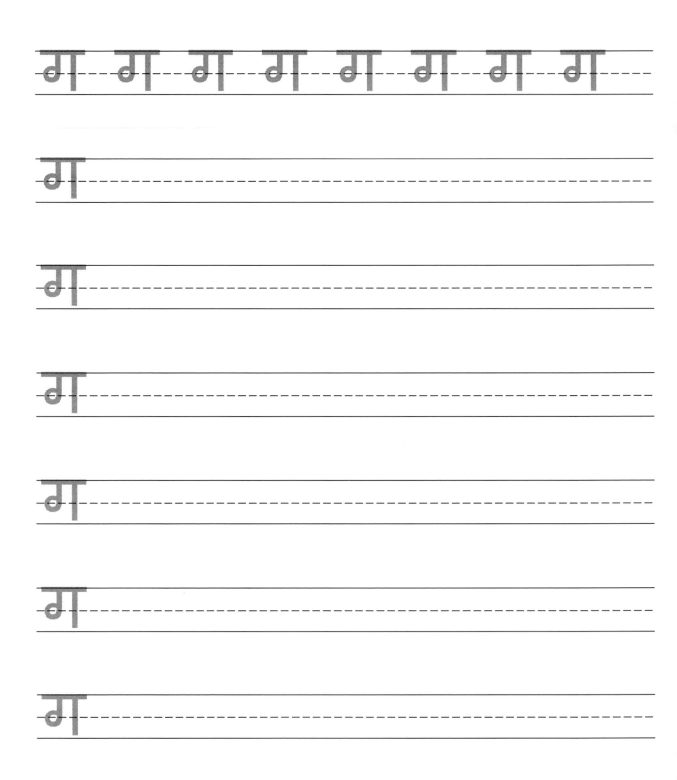

घ घ घ घ घ घ घ घ

घ

घ

घ

घ

घ

घ

ङ ङ ङ ङ ङ ङ ङ ङ ङ

ङ

ङ

ङ

ङ

ङ

ङ

क ख ग घ ङ

च च च च च च च च

च

च

च

च

च

च

छ छ छ छ छ छ छ

छ

छ

छ

छ

छ

छ

ज ज ज ज ज ज ज

ज

ज

ज

ज

ज

ज

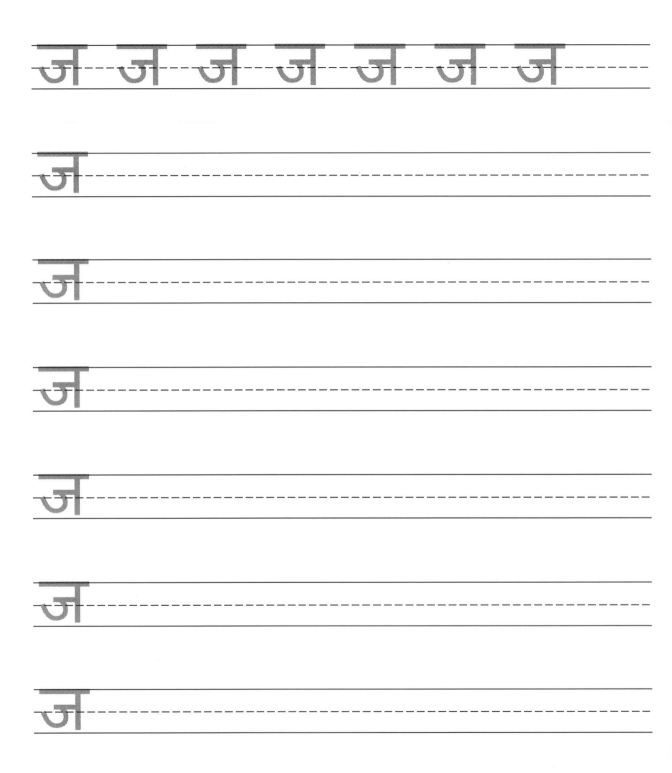

झ झ झ झ झ झ झ

झ

झ

झ

झ

झ

झ

अ अ अ अ अ अ अ अ

अ

अ

अ

अ

अ

अ

च छ ज झ ञ

ट ट ट ट ट ट ट ट ट

ट

ट

ट

ट

ट

ट

ठ ठ ठ ठ ठ ठ ठ ठ ठ

ठ

ठ

ठ

ठ

ठ

ठ

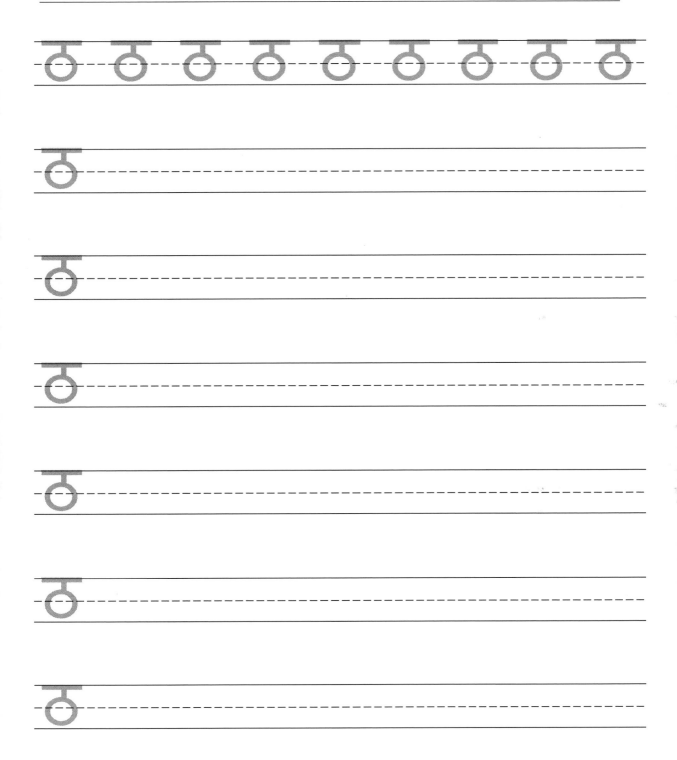

ड ड ड ड ड ड ड ड ड

ड

ड

ड

ड

ड

ड

ढ ढ ढ ढ ढ ढ ढ ढ ढ

ढ

ढ

ढ

ढ

ढ

ढ

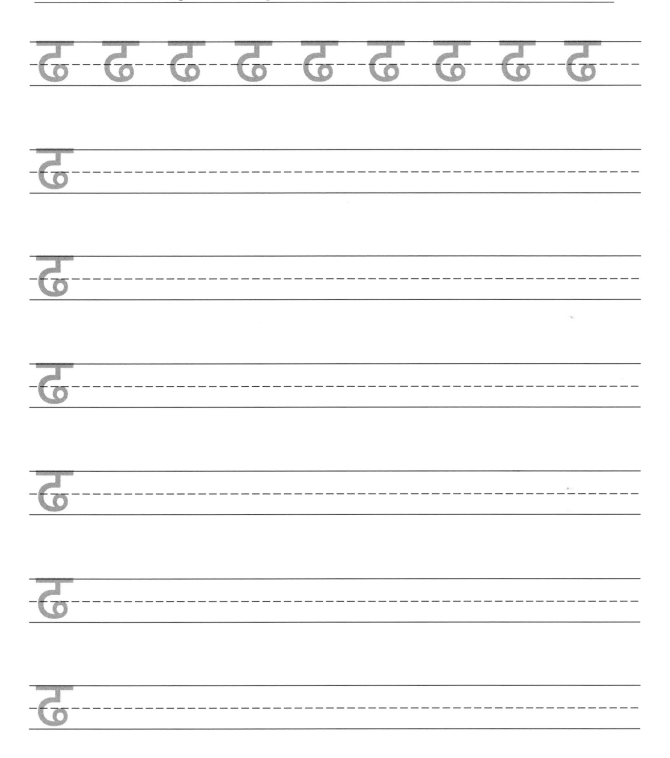

ण ण ण ण ण ण ण

ण

ण

ण

ण

ण

ण

ट ठ ड ढ ण

त त त त त त त त

त

त

त

त

त

त

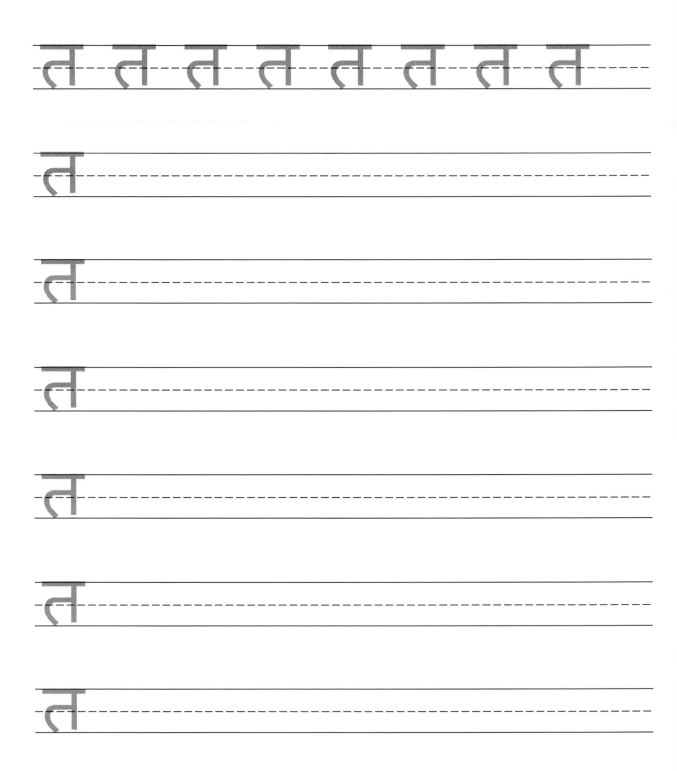

थ थ थ थ थ थ थ थ

थ

थ

थ

थ

थ

थ

द द द द द द द द द

द

द

द

द

द

द

ध ध ध ध ध ध ध ध

ध

ध

ध

ध

ध

ध

न न न न न न न न

न

न

न

न

न

न

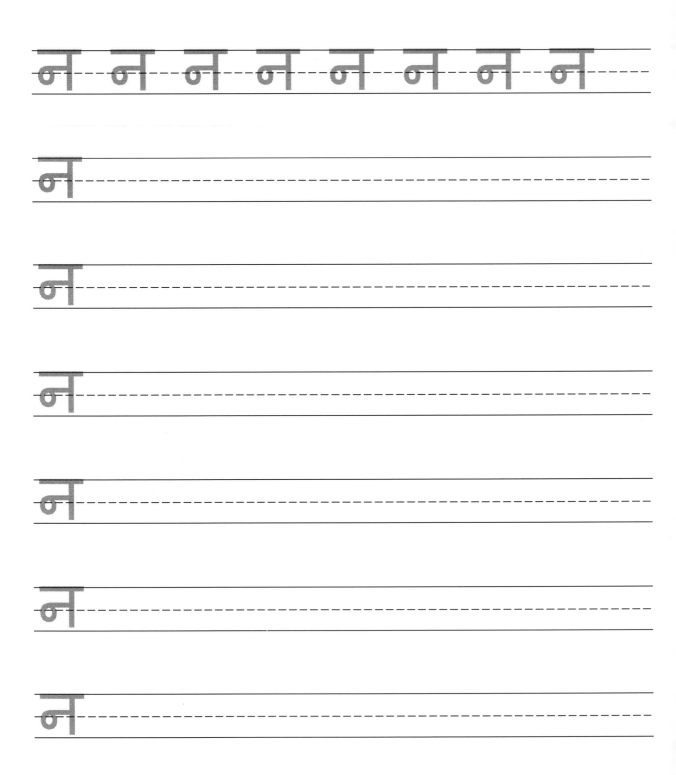

त थ द ध न

प प प प प प प प प

प

प

प

प

प

प

फ फ फ फ फ फ फ

फ

फ

फ

फ

फ

फ

ब ब ब ब ब ब ब ब ब

ब

ब

ब

ब

ब

ब

भ भ भ भ भ भ भ भ

भ

भ

भ

भ

भ

भ

म म म म म म म म

म

म

म

म

म

म

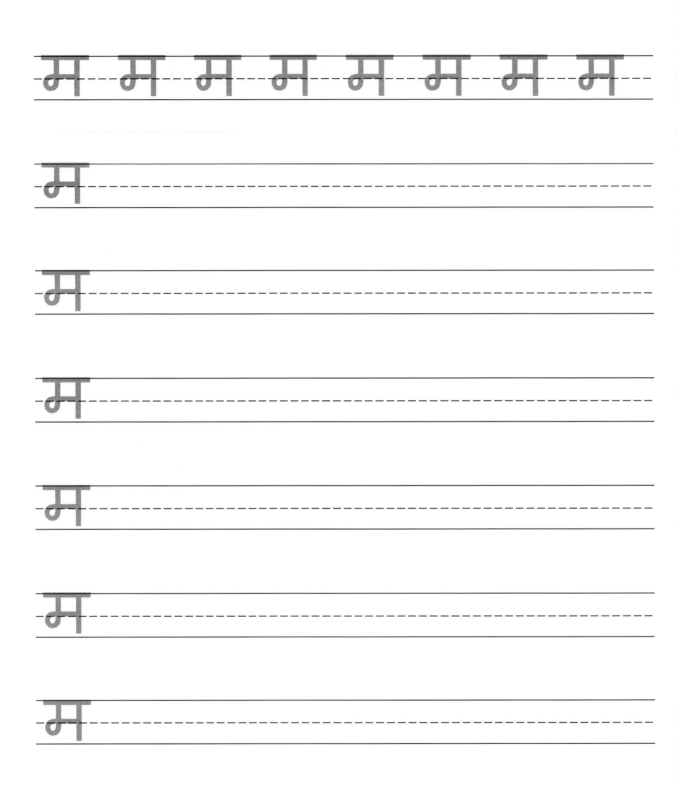

प फ ब भ म

य य य य य य य य

य

य

य

य

य

य

र र र र र र र र र र

र

र

र

र

र

र

ल ल ल ल ल ल ल ल

ल

ल

ल

ल

ल

ल

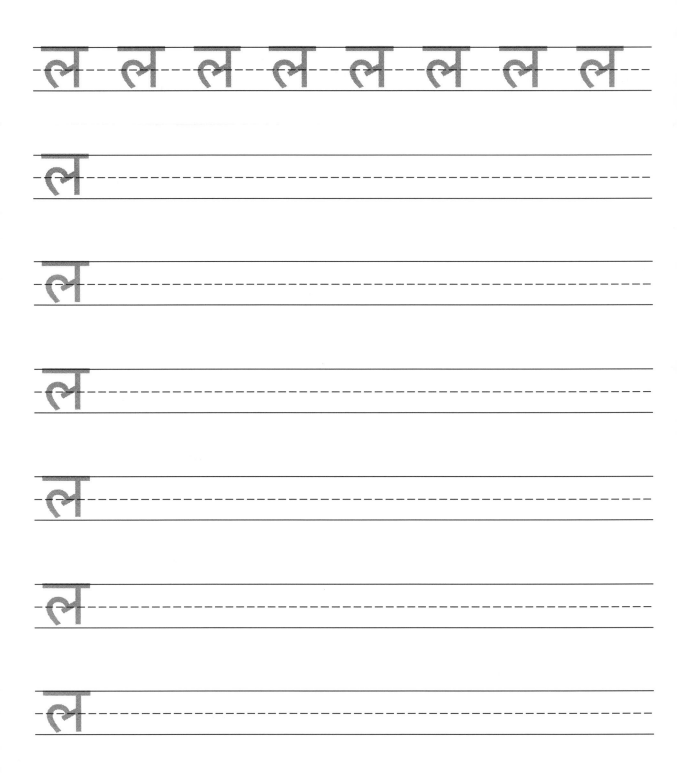

व व व व व व व व व

व

व

व

व

व

व

य र ल व य र ल व

श श श श श श श श

श

श

श

श

श

श

ष ष ष ष ष ष ष ष ष

ष

ष

ष

ष

ष

ष

स स स स स स स स

स

स

स

स

स

स

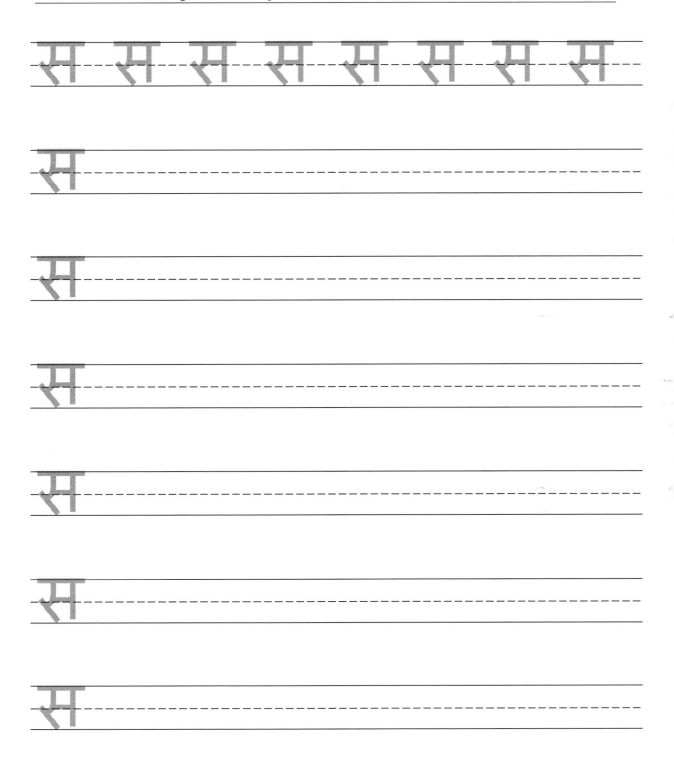

श ष स ह श ष स ह

क्ष क्ष क्ष क्ष क्ष क्ष क्ष क्ष

क्ष

क्ष

क्ष

क्ष

क्ष

क्ष

त्र त्र त्र त्र त्र त्र त्र त्र

त्र

त्र

त्र

त्र

त्र

त्र

ज्ञ ज्ञ ज्ञ ज्ञ ज्ञ ज्ञ

ज्ञ

ज्ञ

ज्ञ

ज्ञ

ज्ञ

ज्ञ

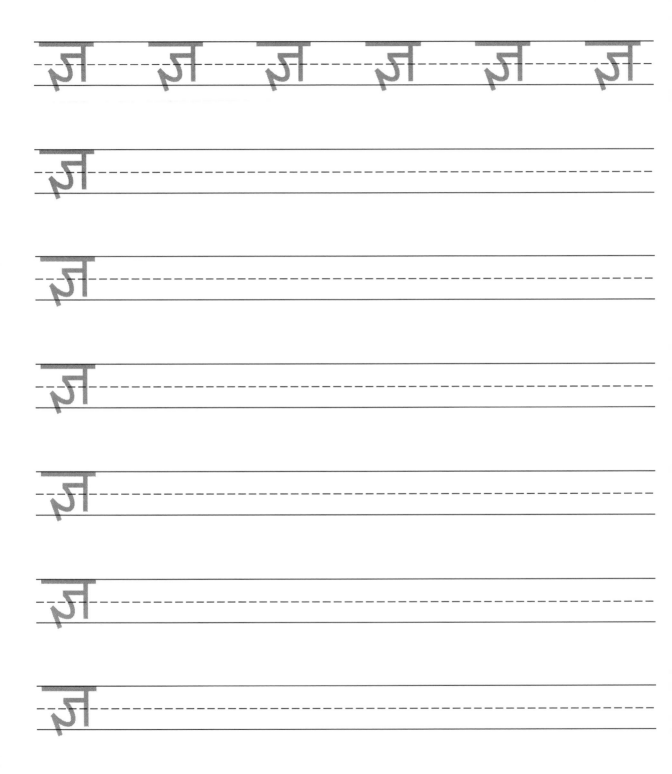

क्ष त्र ज्ञ   क्ष त्र ज्ञ

अ आ इ ई उ ऊ ए ऐ ओ औ

क ख ग घ ङ

च छ ज झ ञ

ट ठ ड ढ ण

त थ द ध न

प फ ब भ म

य र ल व

श ष स ह

क्ष त्र ज्ञ

Made in the USA
Lexington, KY
27 May 2016